Libro de co freidora de aire Keto para principiantes

Recetas cetogénicas para freír, asar, asar a la parrilla y hornear. Platos deliciosos, saludables y sabrosos para perder peso rápidamente, detener la hipertensión y reducir el colesterol.

Tanya Hackett

Índice de contenidos

Además, la transmisión, duplicación o reproducción de cualquiera de las siguientes obras, incluida la información específica, se considerará un acto ilegal, independientemente de si se realiza de forma electrónica o impresa. Esto se extiende a la creación de una copia secundaria o terciaria de la obra o de una copia grabada y sólo se permite con el consentimiento expreso por escrito de la Editorial. Todos los derechos adicionales están reservados.

La información contenida en las siguientes páginas se considera, en términos generales, una exposición veraz y exacta de los hechos y, como tal, cualquier falta de atención, uso o mal uso de la información en cuestión por parte del lector hará que cualquier acción resultante sea únicamente de su incumbencia. No existe ningún escenario en el que el editor o el autor original de esta obra puedan ser considerados de alguna manera responsables de cualquier dificultad o daño que pueda ocurrirles después de emprender la información aquí descrita.

Además, la información contenida en las páginas siguientes tiene únicamente fines informativos, por lo que debe considerarse universal. Como corresponde a su naturaleza, se presenta sin garantía de su validez prolongada ni de su calidad provisional. Las marcas comerciales que se mencionan se hacen sin el consentimiento por escrito y no pueden considerarse en modo alguno como un respaldo del titular de la marca.

Introducción

La freidora de aire es un aparato de cocina relativamente
nuevo que ha demostrado ser muy popular entre los
consumidores. Aunque hay muchas variedades disponibles, la
mayoría de las freidoras de aire comparten muchas
características comunes. Todas tienen elementos calefactores
que hacen circular aire caliente para cocinar los alimentos. La
mayoría vienen con ajustes preprogramados que ayudan a los
usuarios a preparar una amplia variedad de alimentos.

La fritura al aire es un estilo de cocina más saludable porque
utiliza menos aceite que los métodos tradicionales de fritura.
Además de conservar el sabor y la calidad de los alimentos,
reduce la cantidad de grasa utilizada en la cocción. La fritura al
aire es un método común para "freír" alimentos que se
elaboran principalmente con huevos y harina. Estos alimentos
pueden quedar blandos o crujientes a su gusto utilizando este
método.

Cómo funcionan las freidoras de aire

Las freidoras de aire utilizan un soplador para hacer circular aire caliente alrededor de los alimentos. El aire caliente calienta la humedad de los alimentos hasta que se evapora y crea vapor. A medida que el vapor se acumula alrededor de los alimentos, crea una presión que extrae la humedad de la superficie de los alimentos y la aleja del centro, formando pequeñas burbujas. Las burbujas crean una capa de aire que rodea el alimento y crea una corteza crujiente.

Elegir una freidora de aire

A la hora de elegir una freidora de aire, busque una que tenga buenas opiniones sobre la satisfacción de los clientes. Comience por las características que necesita, como la potencia, el tamaño de la capacidad y los accesorios. Busque una que sea fácil de usar. Algunas freidoras de aire del mercado tienen un temporizador incorporado y una temperatura ajustable. Busque una que tenga un embudo para recoger la grasa, una cesta apta para el lavavajillas y piezas fáciles de limpiar.

Cómo utilizar una freidora de aire

Para obtener los mejores resultados, precaliente la freidora de aire a 400 F durante 10 minutos. El precalentamiento de la freidora de aire permite alcanzar la temperatura adecuada más rápidamente. Además, precalentar la freidora de aire es esencial para asegurar que su comida no se queme.

Cómo cocinar cosas en una freidora de aire

Si aún no tienes una freidora de aire, puedes empezar a jugar con tus hornos echando unas patatas fritas congeladas y cocinándolas hasta que se doren uniformemente.

Dependiendo de tu horno, echa un vistazo a la temperatura. Puede que tengas que aumentar o disminuir el tiempo.

¿Qué alimentos se pueden cocinar en una freidora de aire?

Huevos: Aunque puedes cocinar huevos en una freidora de aire, no lo recomendamos porque no puedes controlar el tiempo y la temperatura de cocción con tanta precisión como con una sartén tradicional. Es mucho más fácil que los huevos se cocinen de forma desigual. Tampoco puedes añadir salsas o condimentos y no obtendrás bordes dorados y crujientes.

Alimentos congelados: Generalmente, los alimentos congelados se cocinan mejor en el horno convencional porque necesitan alcanzar una determinada temperatura para cocinarse correctamente. La freidora de aire no es capaz de alcanzar temperaturas que hagan que los alimentos se cocinen completamente.

Alimentos deshidratados: Los alimentos deshidratados requieren una fritura profunda, algo que no se puede hacer con una freidora de aire. Cuando se trata de cocinar alimentos deshidratados, la freidora de aire no es la mejor opción.

Verduras: Puedes cocinar verduras en una freidora de aire, pero tienes que asegurarte de que la freidora de aire no está ajustada a una temperatura que las queme.

Para asegurarse de que las verduras no se cocinan en exceso, ponga en marcha la freidora de aire con la cesta apagada, y luego eche las verduras una vez que el aire se haya calentado y ya no haya puntos fríos.

Asegúrese de remover las verduras cada pocos minutos. Cocinarlas en la cesta también es una opción, pero pueden pegarse un poco.

Patatas fritas: Freír las patatas fritas en una freidora de aire es una buena manera de conseguir patatas fritas crujientes y doradas sin añadir mucho aceite. En comparación con la fritura convencional, la fritura al aire libre aporta menos calorías.

Para cocinar las patatas fritas en una freidora de aire, utilice una cesta o una rejilla y vierta suficiente aceite para que llegue hasta la mitad de la altura de las patatas. Para obtener los mejores resultados, asegúrese de que las patatas fritas estén congeladas. Ponga la freidora de aire a 400 grados y programe 12 minutos. Si las quiere muy crujientes, puede programar 18 minutos, pero pueden quemarse un poco.

Beneficios de una freidora de aire:

- Es una de las formas más fáciles de cocinar alimentos saludables. Si se utiliza 4 o 5 veces por semana, es una opción más saludable que freír con aceite en el horno convencional o utilizar alimentos enlatados.

- Las freidoras de aire son una forma fácil de servir comida sabrosa que no ocupa mucho espacio. Las freidoras de aire permiten cocinar el triple de comida que en el microondas.

- Las freidoras de aire ocupan poco espacio y se pueden guardar en un armario cuando no se utilizan.

-Son aparatos de cocina versátiles. Puedes utilizarlos para cocinar alimentos para el almuerzo, la cena y los aperitivos.

- Las freidoras de aire requieren poco o ningún esfuerzo en la cocina. Puedes usarlas con la tapa puesta, lo que significa que hay que lavar menos.

Crema de arándanos

Tiempo de preparación: 4 minutos

Tiempo de cocción: 20 minutos

Porciones: 6

Ingredientes:

1. 2 tazas de arándanos
2. Zumo de ½ limón
3. 2 cucharadas de agua
4. 1 cucharadita de extracto de vainilla
5. 2 cucharadas de swerve

Direcciones:

- En un bol grande, ponga todos los ingredientes y mézclelos bien.

- Divida esto en 6 moldes, póngalos en la freidora de aire y cocine a 340 grados F durante 20 minutos
- Enfriar y servir.

La nutrición:

Calorías: 123

Proteínas: 3 g.

Grasa: 2 g.

Carbohidratos: 4 g.

Mermelada de chía y moras

Tiempo de preparación: 10 minutos

Tiempo de cocción: 30 minutos

Porciones: 12

Ingredientes:

1. 3 tazas de moras
2. ¼ de taza de swerve
3. 4 cucharadas de zumo de limón
4. 4 cucharadas de semillas de chía

Direcciones:

- En una sartén que se adapte a la freidora de aire, combine todos los ingredientes: y mezcle.
- Ponga la sartén en la freidora y cocine a 300 grados F durante 30 minutos.
- Dividir en tazas y servir frío.

La nutrición:

Calorías: 100

Proteínas: 1 g.

Grasa: 2 g.

Carbohidratos: 3 g.

Crema de bayas mixtas

Tiempo de preparación: 5 minutos

Tiempo de cocción: 30 minutos

Porciones: 6

Ingredientes:

1. 12 onzas de moras
2. 6 onzas de frambuesas
3. 12 onzas de arándanos
4. ¾ de taza de swerve
5. 2 onzas de crema de coco

Direcciones:

- En un bol, poner todos los ingredientes: y mezclar bien.
- Divida esto en 6 moldes, póngalos en su freidora de aire y cocine a 320 grados F durante 30 minutos.

- Enfriar y servir.

La nutrición:

Calorías: 100

Proteínas: 2 g.

Grasa: 1 g.

Carbohidratos: 2 g.

Pescado empanado al aire libre

Tiempo de preparación: 10 minutos

Tiempo de cocción: 12 minutos

Porciones: 4

Ingredientes:

1. Pan rallado: 1 taza
2. Aceite vegetal: ¼ de taza
3. 4 filetes de platija
4. 1 huevo batido
5. 1 limón en rodajas

Direcciones:

- Precaliente una freidora de aire a 350 °F (180 °C).

- En una taza, añadir el pan rallado y el aceite. Remover hasta que la mezcla se desmenuce y quede suelta.

- Sumergir los filetes de pescado en la mezcla de huevo; sacudir los excesos. Sumergir los filetes en una mezcla de pan rallado; hasta que queden cubiertos de manera uniforme y completa.

- Colocar los filetes recubiertos en la freidora de aire precalentada. Cocine, unos 12 minutos, con un tenedor, hasta que el pescado se desmenuce fácilmente. Adorne con rodajas de limón.

La nutrición:

Calorías: 354 Cal

Grasa: 17,7 g

Carbohidratos: 22.5 g
Proteínas: 26,9 g

Pastel de carne en la freidora

Tiempo de preparación: 10 minutos

Tiempo de cocción: 25 minutos

Porciones: 4

Ingredientes:

- 1 libra de carne magra
- 1 huevo ligeramente batido
- 3 cucharadas de pan rallado
- 1 cebolla pequeña picada muy fina
- 1 cucharada de tomillo fresco picado
- 1 cucharadita de sal
- 1 pizca de pimienta negra molida al gusto
- 2 champiñones cortados en rodajas gruesas
- 1 cucharada de aceite de oliva

Direcciones:

- Precaliente una freidora de aire hasta 200 grados C (392 grados F).
- En un bol, combine la carne picada, el huevo, el pan rallado, la pomada, el tomillo, la sal y la pimienta. Amasar y mezclar bien.

- Pase la mezcla de carne a una cacerola para hornear y alise el borde-presione las castañas en la parte superior y cubra con aceite de oliva. Coloque la cacerola en la cesta de la freidora de aire y deslícela en la freidora de aire.
- Programe el temporizador de la freidora de aire de 25 minutos y ase el pastel de carne hasta que esté bien dorado.
- Deje reposar el pastel de carne durante al menos 10 minutos antes de cortarlo y servirlo en trozos.

La nutrición:

Calorías: 296,8

Proteínas: 24,8 g

Carbohidratos: 5.9 g

Colesterol: 125,5 mg

Camarones al Aire Libre a La Bang

Tiempo de preparación: 10 minutos

Tiempo de cocción: 12 minutos

Raciones: 2

Ingredientes:

1. ½ taza de mayonesa
2. ¼ taza de salsa de chile dulce
3. 1 cucharada de salsa sriracha
4. ¼ taza de harina común
5. 1 taza de pan rallado panko
6. Gambas crudas: 1 libra, peladas y desvenadas
7. 1 hoja de lechuga

8. 2 cebollas verdes picadas o al gusto (opcional)

Direcciones:

- Ajuste la temperatura de la freidora a 400 grados F (200 grados C).
- En un tazón, mezcle la mayonesa, la salsa de chile y la salsa sriracha hasta que esté suave. Poner un poco de salsa bang, si se desea, en un bol aparte para mojar.
- Tome un plato y coloque harina en él. Utilice otro plato y coloque pan rallado panko en él.
- Primero pase las gambas por harina, luego por la mezcla de mayonesa y después por el panko. Coloca las gambas cubiertas en una bandeja de horno.
- Coloque las gambas, sin llenarlas demasiado, en la cesta de la freidora.
- Cocine durante aproximadamente 12 minutos. Repetir la operación con los camarones sobrantes.
- Utilice envolturas de lechuga para servir, adornadas con cebolla verde.

La nutrición:

Calorías: 415

Grasa: 23,9 g

Carbohidratos: 32.7 g

Proteínas: 23,9 g

Zanahorias glaseadas con balsámico

Tiempo de preparación: 5 minutos

Tiempo de cocción: 18 minutos

Porciones: 3

Ingredientes:

1. 3zanahorias de tamaño medio, cortadas en bastones de 2 × ½ pulgadas
2. 1 cucharada de zumo de naranja
3. 2cucharadas de vinagre balsámico
4. 1 cucharadita de jarabe de arce
5. 1 cucharadita de aceite de aguacate
6. ½ cucharadita de romero seco
7. ¼ de cucharadita de sal marina
8. ¼ de cucharadita de ralladura de limón

Direcciones:

- Poner las zanahorias en la bandeja del horno y rociarlas con el zumo de naranja, el vinagre balsámico, el sirope de arce, el aceite de aguacate, el romero, la sal marina y terminar con la ralladura de limón. Mezclar bien.
- Coloque la bandeja de hornear en la posición 1 de la rejilla, seleccione "Convection Bake" (horneado por convección), ajuste la temperatura a 375ºF (190ºC) y el tiempo a 18 minutos.
- Remover las zanahorias varias veces durante la cocción.

- Una vez terminada la cocción, las zanahorias deben estar bien glaseadas y tiernas. Retirar del horno y servir calientes.

La nutrición:

Calorías: 191 Cal

Grasa: 6g

Carbohidratos: 31.4g

Proteínas: 3,7g

Colesterol: 3mg

Sodio: 447mg

Patatas al horno con yogur y cebollino

Tiempo de preparación: 5 minutos

Tiempo de cocción: 35 minutos

Porciones: 4

Ingredientes:

1. 4(7-ounce / 198-g) patatas russet, enjuagadas
2. Aceite de oliva en spray
3. ½ cucharadita de sal kosher, dividida
4. ½ taza de yogur griego natural al 2%
5. ¼ de taza de cebollino fresco picado
6. Pimienta negra recién molida

Direcciones:

- Secar las patatas y pincharlas por todas partes con un tenedor. Rociar las patatas con aceite de oliva en spray. Espolvorear con ¼ de cucharadita de la sal.

- Pasar las patatas a la bandeja del horno.

- Coloque la bandeja de hornear en la posición 1 de la rejilla, seleccione "Convection Bake" (horneado por convección), ajuste la temperatura a 205ºC (400ºF) y el tiempo a 35 minutos.

- Una vez terminada la cocción, las patatas deben estar tiernas como un tenedor. Retirar del horno y abrir las patatas. Cubrir con el yogur, el cebollino, el ¼ de cucharadita de sal restante y terminar con la pimienta negra. Servir inmediatamente.

La nutrición:

Calorías: 172 Cal

Grasa: 9,8g

Carbohidratos: 17.5g

Proteínas: 3,9g

Colesterol: 84mg

Sodio: 112mg

Brócoli con mantequilla y parmesano

Tiempo de preparación: 5 minutos

Tiempo de cocción: 4 minutos

Porciones: 4

Ingredientes:

1. 454 g de ramilletes de brócoli
2. 1 chalota mediana, picada
3. 2 cucharadas de aceite de oliva
4. 2 cucharadas de mantequilla sin sal, derretida
5. 2 cucharadas de ajo picado
6. ¼ de taza de queso parmesano rallado

Direcciones:

- Combine los ramilletes de brócoli con la chalota, el aceite de oliva, la mantequilla, el ajo y el queso parmesano en un bol mediano y mezcle hasta que los ramilletes de brócoli estén bien cubiertos.

- Colocar los ramilletes de brócoli en la bandeja del horno en una sola capa.

- Coloque la bandeja de hornear en la posición 1 de la rejilla, seleccione "Convection Bake" (horneado por convección), ajuste la temperatura a 350°F (180°C) y el tiempo a 4 minutos.

- Cuando la cocción esté completa, los ramilletes de brócoli deben estar crujientes y tiernos. Retirar del horno y servir calientes.

La nutrición:

Calorías: 191 Cal

Grasa: 6g

Carbohidratos: 31.4g

Proteínas: 3,7g

Colesterol: 3mg

Sodio: 447mg

Cazuela de maíz cremosa

Tiempo de preparación: 5 minutos

Tiempo de cocción: 15 minutos

Porciones: 4

Ingredientes:

1. 2 tazas de maíz amarillo congelado
2. 1 huevo batido
3. 3 cucharadas de harina
4. ½ taza de queso suizo o havarti rallado
5. ½ taza de crema ligera
6. ¼ de taza de leche
7. Pizca de sal
8. Pimienta negra recién molida, al gusto
9. 2 cucharadas de mantequilla cortada en cubos
10. Spray antiadherente para cocinar

Direcciones:

- Rocíe el molde para hornear con spray antiadherente para cocinar.

- Mezclar el resto de los ingredientes, excepto la mantequilla, en un bol mediano hasta que estén bien incorporados. Pasar la mezcla al molde preparado y esparcir los cubos de mantequilla.

- Coloque la bandeja de hornear en la posición 1 de la rejilla, seleccione "Convection Bake" (horneado por convección), ajuste la temperatura a 320°F (160°C) y el tiempo a 15 minutos.

- Cuando la cocción esté completa, la parte superior debe estar dorada y un palillo insertado en el centro debe salir limpio. Retirar del horno. Deje enfriar la cazuela durante 5 minutos antes de cortarla en trozos y servirla.

La nutrición:

Calorías: 172 Cal

Grasa: 9,8g

Carbohidratos: 17.5g

Proteínas: 3,9g

Colesterol: 84mg

Sodio: 112mg

Judías verdes carbonizadas con semillas de sésamo

Tiempo de preparación: 5 minutos

Tiempo de cocción: 8 minutos

Porciones: 4

Ingredientes:

1. 1 cucharada de salsa de soja reducida en sodio o tamari
2. ½ cucharada de salsa Sriracha
3. 4 cucharadas de aceite de sésamo tostado, divididas
4. 340 g de judías verdes recortadas
5. ½ cucharada de semillas de sésamo tostadas

Direcciones:

- Bata la salsa de soja, la salsa Sriracha y 1 cucharadita de aceite de sésamo en un tazón pequeño hasta que esté suave. Reservar.

- Mezcle las judías verdes con el aceite de sésamo restante en un cuenco grande hasta que estén uniformemente cubiertas.

- Coloque las judías verdes en la cesta de la freidora en una sola capa.

- Ponga la cesta de la freidora de aire en la bandeja de hornear y deslícela a la posición 2 de la rejilla, seleccione Air Fry (freír con aire), ajuste la temperatura a 375°F (190°C) y programe el tiempo a 8 minutos.

- Remover las judías verdes a mitad de la cocción.

- Cuando la cocción esté completa, las judías verdes deben estar ligeramente carbonizadas y tiernas. Sacarlas del horno y ponerlas en una fuente. Verter la salsa preparada sobre las judías verdes y mezclar bien. Servir espolvoreadas con las semillas de sésamo tostadas.

La nutrición:

Calorías: 191 Cal

Grasa: 6g

Carbohidratos: 31.4g

Proteínas: 3,7g

Colesterol: 3mg

Sodio: 447mg

Calabaza de bellota especiada con canela

Tiempo de preparación: 5 minutos

Tiempo de cocción: 15 minutos

Raciones: 2

Ingredientes:

1. 1 calabaza de bellota mediana, cortada por la mitad en sentido transversal y sin pepitas
2. 1 cucharadita de aceite de coco
3. 1 cucharadita de azúcar moreno claro
4. Unas pizcas de canela molida

---

5. Unas pizcas de nuez moscada molida

Direcciones:

- En una superficie de trabajo limpia, frote los lados cortados de la calabaza de bellota con aceite de coco. Esparce el azúcar moreno, la canela y la nuez moscada.

- Ponga las mitades de calabaza en la cesta de la freidora de aire, con el lado cortado hacia arriba.

- Coloque la cesta de la freidora de aire en la bandeja de hornear y deslícela a la posición 2 de la rejilla, seleccione Air Fry, ajuste la temperatura a 325°F (163°C) y programe el tiempo a 15 minutos.

- Una vez terminada la cocción, las mitades de la calabaza deben estar apenas tiernas al pincharlas en el centro con un cuchillo de pelar. Retirar del horno. Reposar de 5 a 10 minutos y servir caliente.

La nutrición:

Calorías: 172 Cal

Grasa: 9,8g

Carbohidratos: 17.5g

Proteínas: 3,9g

Colesterol: 84mg

Sodio: 112mg

Espárragos fritos a la parmesana

Tiempo de preparación: 15 minutos

Tiempo de cocción: 6 minutos

Porciones: 4

Ingredientes:

1. 2 huevos blancos
2. ¼ de taza de agua

3. ¼ de taza más 2 cucharadas de queso parmesano rallado, dividido
4. ¾ de taza de pan rallado panko
5. ¼ de cucharadita de sal
6. 340 g de espárragos frescos, con los extremos leñosos recortados
7. Spray de cocina

Direcciones:

- En un plato llano, bata las claras de huevo y el agua hasta que estén ligeramente espumosas. En otro plato llano, mezcle bien ¼ de taza de queso parmesano, el pan rallado y la sal.

- Sumergir los espárragos en la clara de huevo y luego pasarlos por la mezcla de queso para cubrirlos bien.

- Coloque los espárragos en la cesta de la freidora de aire en una sola capa, dejando espacio entre cada espárrago. Rocía los espárragos con spray de cocina.

- Coloque la cesta de la freidora de aire en la bandeja de hornear y deslícela a la posición 2 de la rejilla, seleccione Air Fry, ajuste la temperatura a 390°F (199°C) y programe el tiempo a 6 minutos.

- Cuando termine la cocción, los espárragos deben estar dorados y crujientes. Retirar del horno. Espolvorear con las 2 cucharadas restantes de queso y servir caliente.

La nutrición:

Calorías: 191 Cal

Grasa: 6g

Carbohidratos: 31.4g

Proteínas: 3,7g

Colesterol: 3mg

Sodio: 447mg

Chili C orn on the Cob

Tiempo de preparación: 10 minutos

Tiempo de cocción: 15 minutos

Porciones: 4

Ingredientes:

1. 2 cucharadas de aceite de oliva, divididas
2. 2 cucharadas de queso parmesano rallado
3. 1 cucharadita de ajo en polvo
4. 1 cucharadita de chile en polvo
5. 1 cucharadita de comino molido
6. 1 cucharadita de pimentón
7. 1 cucharadita de sal
8. ¼ de cucharadita de pimienta de cayena (opcional)
9. 4años de maíz fresco, desgranado

Direcciones:

- Engrase la cesta de la freidora de aire con 1 cucharada de aceite de oliva. Ponga a un lado.

- Combine el queso parmesano, el ajo en polvo, el chile en polvo, el comino, el pimentón, la sal y la pimienta de cayena (si lo desea) en un tazón pequeño y revuelva para mezclar bien.

- Cubrir ligeramente las mazorcas de maíz con la cucharada restante de aceite de oliva. Frote la mezcla de queso por todas las mazorcas hasta que estén completamente cubiertas.

- Coloque las mazorcas en la cesta engrasada en una sola capa.

- Coloque la cesta de la freidora de aire en la bandeja de hornear y deslícela a la posición 2 de la rejilla, seleccione Air Fry, ajuste la temperatura a 400°F (205°C) y programe el tiempo a 15 minutos.

- Déle la vuelta a las mazorcas a mitad del tiempo de cocción.

- Una vez terminada la cocción, deben estar ligeramente dorados. Retirar del horno y dejar que se enfríen durante 5 minutos antes de servir.

La nutrición:

Calorías: 172 Cal

Grasa: 9,8g

Carbohidratos: 17.5g

Proteínas: 3,9g

Colesterol: 84mg

Sodio: 112mg

Col picante

Tiempo de preparación: 5 minutos

Tiempo de cocción: 7 minutos

Porciones: 4

Ingredientes:

1. 1 cabeza de col, cortada en cintas de 1 pulgada de grosor
2. 1 cucharada de aceite de oliva
3. 1 cucharadita de ajo en polvo
4. 1 cucharadita de copos de pimienta roja
5. 1 cucharadita de sal
6. 1 cucharadita de pimienta negra recién molida

Direcciones:

- Mezcle la col con el aceite de oliva, el ajo en polvo, las hojuelas de pimiento rojo, la sal y la pimienta en un tazón grande hasta que esté bien cubierta.

- Transfiera el repollo a la bandeja de hornear.

- Coloque el molde en la posición 1 de la rejilla, seleccione "Convection Bake" (horneado por convección), ajuste la temperatura a 350°F (180°C) y el tiempo a 7 minutos.

- Dar la vuelta a la col con unas pinzas a mitad de la cocción.

- Cuando la cocción esté completa, la col debe estar crujiente. Retirar del horno a un plato y servir caliente.

La nutrición:

Calorías: 172 Cal

Grasa: 9,8g

Carbohidratos: 17.5g

Proteínas: 3,9g

Colesterol: 84mg

Sodio: 112mg

Brócoli picante con salsa picante

Tiempo de preparación: 5 minutos

Tiempo de cocción: 14 minutos

Porciones: 6

Ingredientes:

Brócoli:

1. 1 cabeza de brócoli de tamaño medio, cortada en ramilletes
2. 1½ cucharadas de aceite de oliva
3. 1 cucharadita de polvo de chalota
4. 1 cucharadita de polvo de boletus
5. ½ cucharadita de ralladura de limón fresca
6. ½ cucharadita de pimentón picante

7. ½ cucharadita de ajo granulado
8. ⅓ cucharadita de sal marina fina
9. ⅓ cucharadita de semillas de apio

Salsa picante:

- ½ taza de salsa de tomate
- 1 cucharada de vinagre balsámico
- ½ cucharadita de pimienta de Jamaica molida

Direcciones:

1. En un bol, mezcle todos los ingredientes del brócoli y mézclelos para cubrirlos. Ponga el brócoli en la cesta de la freidora.

2. Ponga la cesta de la freidora de aire en la bandeja de hornear y deslícela a la posición 2 de la rejilla, seleccione Air Fry (freír con aire), fije la temperatura en 360°F (182°C), y programe el tiempo en 14 minutos.

3. Mientras tanto, prepare la salsa picante batiendo la salsa de tomate, el vinagre balsámico y la pimienta de Jamaica en un bol pequeño.

4. Una vez terminada la cocción, retire el brócoli del horno y sírvalo con la salsa picante.

La nutrición:

Calorías: 191 Cal

Grasa: 6g

Carbohidratos: 31.4g

Proteínas: 3,7g

Colesterol: 3mg

Sodio: 447mg

Brócoli gratinado con queso

Tiempo de preparación: 5 minutos

Tiempo de cocción: 14 minutos

Raciones: 2

Ingredientes:

- ⅓ taza de leche sin grasa
- 1 cucharada de harina común o sin gluten
- ½ cucharada de aceite de oliva
- ½ cucharadita de salvia molida
- ¼ de cucharadita de sal kosher
- ⅛ cucharadita de pimienta negra recién molida
- 2 tazas de ramilletes de brócoli picados
- 6 cucharadas de queso Cheddar rallado
- 2 cucharadas de pan rallado panko
- 1 cucharada de queso parmesano rallado
- Aceite de oliva en spray

Direcciones:

1. Rocíe el molde para hornear con aceite de oliva en aerosol.

2. Mezclar la leche, la harina, el aceite de oliva, la sal y la pimienta en un bol mediano y batir para combinar. Añade los ramilletes de brócoli, el queso Cheddar, el pan rallado y el queso parmesano y remueve para cubrirlos.

3. Vierta la mezcla de brócoli en el molde preparado.

4. Coloque la bandeja de hornear en la posición 1 de la rejilla, seleccione "Convection Bake" (horneado por convección), ajuste la temperatura a 330°F (166°C) y el tiempo a 14 minutos.

5. Cuando termine la cocción, la parte superior debe estar dorada y el brócoli debe estar tierno. Retirar del horno y servir inmediatamente.

La nutrición:

Calorías: 172 Cal

Grasa: 9,8g

Carbohidratos: 17.5g

Proteínas: 3,9g

Colesterol: 84mg

Sodio: 112mg

Terneras de pollo fritas al aire

Receta básica

Tiempo de preparación: 10 minutos

Tiempo de cocción: 10 minutos

Porciones: 4

Ingredientes:

1. 1/8 de taza de harina
2. Pimienta y sal al gusto
3. Spray de aceitunas
4. 1 clara de huevo
5. 12 oz, pechugas de pollo
6. 1¼ oz. de pan rallado panko

Direcciones:

- Recorte el exceso de grasa de la pechuga de pollo. Córtala en filetes. Sazónala con pimienta y sal. Pase las pechugas por la harina y después por la clara de huevo y el pan rallado. Colóquelos en la cesta de la freidora. Aplique spray de oliva y cocine durante 10 minutos a 350 grados F. Sirva.

La nutrición:

Calorías 399

Carbohidratos 18g

Grasa 11g

Proteína 57g

Chips de calabacín a la parmesana

Receta básica

Tiempo de preparación: 15 minutos

Tiempo de cocción: 10 minutos

Porciones: 4

Ingredientes:

1. Sal al gusto
2. 3 calabacines medianos
3. 1 taza de queso parmesano rallado

Direcciones:

- Precalentar el horno en modo Air Fryer a 110 F durante 2 o 3 minutos Utilizar una mandolina para cortar los calabacines en rodajas muy finas, sazonarlas con sal y cubrirlas bien con el queso parmesano. En tandas, disponga la mayor cantidad posible de trozos de calabacín en una sola capa en la bandeja de cocción. Cuando esté listo, coloque la bandeja de cocción en la rejilla principal del horno y cierre el horno. Pon el temporizador en 7 minutos y pulsa Start. Cocine hasta que el queso se derrita mientras da la vuelta a mitad de camino. Transfiera las patatas fritas a cuencos para que se enfríen y haga el resto. Sirve caliente.

La nutrición:

Calorías 107

Grasa 6,99 g

Carbohidratos 3,73 g

Proteína 7,33 g

Pretzels de ajo de Cattle Ranch

Receta básica

Tiempo de preparación: 10 minutos

Tiempo de cocción: 15 minutos

Porciones: 4

Ingredientes:

1. ½ cucharadita de ajo en polvo
2. 2 tazas de pretzels
3. 1 ½ cucharadita de mezcla de aderezo ranchero
4. 1 cucharada de mantequilla derretida

Direcciones:

- Precaliente el horno en modo Air Fryer a 270 F durante 2 o 3 minutos. En un tazón mediano, mezcle todos los ingredientes hasta que estén bien integrados, viértalos en la canasta de la asadera y acerque para sellar. Repare la cesta en la palanca del horno y cierre el horno. Programe el temporizador en 15 minutos, pulse Inicio y cocine hasta que los pretzels estén ligeramente dorados. Después, abra el horno, asegure la cesta utilizando el elevador del asador y transfiera el aperitivo a cuencos para servir. Deje que se enfríe y deléitese.

La nutrición:

Calorías 35

Grasa 3,72 g

Carbohidratos 0,4 g

Proteína 0,12 g

Patatas fritas de boniato con hierbas

Receta básica

Tiempo de preparación: 10 minutos

Tiempo de cocción: 10 minutos

Porciones: 4

Ingredientes:

1. 1 cucharadita de hierbas mixtas secas
2. 2 batatas medianas, peladas
3. 1 cucharada de aceite de oliva

Direcciones:

- Precalentar el horno en modo Air Fry a 375 F durante 2 o 3 minutos. Por otro lado, utilice una mandolina para cortar en rodajas finas los boniatos, transfiéralos a un bol mediano y mézclelos bien con las hierbas y el aceite de oliva hasta que estén bien cubiertos. En tandas, organice el mayor número posible de trozos de boniato en una sola capa en la bandeja de cocción. Cuando el aparato esté listo, deslice la bandeja de cocción en la rejilla superior del horno y cierre el horno. Ajuste el temporizador a 7 minutos y pulse Inicio. Cocine hasta que los boniatos estén crujientes, dándoles la vuelta a mitad de camino. Transfiera las patatas fritas a cuencos para servir cuando estén preparadas y haga el resto de la misma manera. Deléitese.

La nutrición:

Calorías 87

Grasa 3,48 g

Carbohidratos 13,38 g

Proteína 1,03 g

Chips de tortilla al comino con guacamole

Receta básica

Tiempo de preparación: 5 minutos

Tiempo de cocción: 15 minutos

Porciones: 4

Ingredientes:

1. Para los chips de tortilla:
2. 2 cucharadas de aceite de oliva
3. 12 tortillas de maíz
4. 1 cucharada de pimentón en polvo
5. 1 cucharada de comino en polvo

6. Sal y pimienta negra al gusto

7. Para el guacamole:

8. 1 tomate de empresa pequeño, en rodajas

9. Una pizca de perejil seco

10. 1 aguacate grande, sin hueso y pelado

Direcciones:

- Precaliente el horno en modo Air Fry a 375 F durante 2 o 3 minutos en un recipiente mediano, mezcle bien todos los ingredientes para los chips de tortilla y ponga la mezcla en la canasta del asador.

- Cerrar para sellar. Fije el cestillo en la palanca del horno y cierre el horno. Programe el temporizador en 15 minutos, pulse Inicio y cocine hasta que las tortillas estén doradas.

- Mientras se cocinan los chips, en un pequeño bol, se trituran los aguacates y se mezclan con el tomate y el perejil hasta que estén bien combinados.

- Sirve los chips de tortilla con el guacamole.

La nutrición:

Calorías 159

Grasa 14,74 g

Carbohidratos 7,82 g

Proteína 1,94 g

Fresas secadas al horno

Receta básica

Tiempo de preparación: 10 minutos

Tiempo de cocción: 10 minutos

Porciones: 4

Ingredientes:

1. 1 libra de fresas grandes

Direcciones:

- Precaliente la freidora de aire en el modo de deshidratación a 110 F durante 2 o 3 minutos Utilice una mandolina para cortar las fresas en rodajas finas. En tandas, disponga algunos de los trozos de fresa en una sola capa en la bandeja de cocción.

- Cuando el aparato esté listo, coloque la bandeja de cocción en la rejilla superior del horno y cierre el horno

- Ajuste el temporizador a 7 minutos y pulse Inicio. Cocine hasta que las frutas estén crujientes.

- Transfiera los trozos de fruta a tazones para servir cuando todo esté listo y haga el resto de la misma manera. Deléitese.

La nutrición:

Calorías 36

Grasa 0,34 g

Carbohidratos 8,71 g

Proteína 0,76 g

Tostadas de queso con chile

Receta básica

Tiempo de preparación: 5 minutos

Tiempo de cocción: 10 minutos

Porciones: 4

Ingredientes:

2. 1 cucharadita de ajo en polvo
3. 1 cucharadita de copos de chile rojo
4. 6 piezas de pan de molde
5. 4 cucharadas de mantequilla
6. 1 taza de queso cheddar rallado
7. 2 guindillas rojas frescas, sin pepitas y picadas
8. ½ cucharadita de sal
9. 1 cucharada de perejil fresco en rodajas

Direcciones:

1. Precaliente el horno en modo Broil a 375 F durante 2 o 3 minutos Unte la mantequilla en una cara de cada trozo de pan y colóquelo en una superficie plana y ordenada.

2. Repartir el queso cheddar por encima y seguir con el resto de ingredientes. Coloque 3 trozos de pan en la bandeja de cocción, deslice la bandeja en la rejilla central del horno y cierre el horno. Programe el temporizador para 3 o 4 minutos y pulse Start.

3. Cocinar hasta que el queso se derrita y se dore por encima. Retirar la primera tanda cuando esté lista y preparar los otros tres trozos de pan. Córtalos en mitades de triángulo y sirve inmediatamente.

La nutrición:

Calorías 105

Grasa 11,53 g

Carbohidratos 0,68 g

Proteína 0,29 g

Palitos de queso

Receta básica

Tiempo de preparación: 10 minutos

Tiempo de cocción: 10 minutos

Porciones: 6

Ingredientes:

- 1 cucharadita de ajo en polvo
- 1 cucharadita de especias italianas
- ¼ de cucharadita de romero molido
- 2 huevos
- 1 barritas de queso
- ¼ de taza de queso parmesano rallado
- ¼ de taza de harina de trigo integral

Direcciones:

1. Desenvuelve los palitos de queso. Reserva. Bate los huevos en un bol. Mezcla el queso, los aromas y la harina en otro bol. Ahora pasa los palitos por el huevo y luego por la masa. Reboza bien. Póngalos en la cesta de la freidora. Cocine durante 7 minutos a 370 grados F. Sirva caliente.

La nutrición:

Calorías 76

Carbohidratos 5g

Grasa 4g

Proteína 5g

Mezcla de patatas fritas vegetarianas

Receta básica

Tiempo de preparación: 20 minutos

Tiempo de cocción: 10 minutos

Porciones: 4

Ingredientes:

- 1 zanahoria grande
- 1 cucharadita de sal
- 1 cucharadita de especias italianas
- 1 calabacín
- 1 batata pelada
- ½ cucharadita de pimienta
- 1 remolacha roja pelada
- Una pizca de comino en polvo

Direcciones:

1. Precaliente la freidora de aire en el modo de deshidratación a 110 F durante 2 o 3 minutos

2. Utilice una mandolina para cortar en rodajas finas todas las verduras y páselas a un bol mediano. Sazónelas con sal, especias italianas y comino en polvo. En tandas, organice algunas de las verduras en una sola capa en la bandeja de cocción.

3. Cuando el aparato esté listo, coloque la bandeja de cocción en la rejilla superior del horno y cierre el horno, luego programe el temporizador a 7 o 9 minutos y pulse Start.Cocine hasta que las verduras estén crujientes. Transfiera las verduras a cuencos para servir cuando todo esté listo y haga la quedada de la misma manera. Deléitese.

La nutrición:

Calorías 84

Grasa 0,15 g

Carbohidratos 18,88 g

Proteínas 2,25 g

Chips de manzana dulce y pera

Receta básica

Tiempo de preparación: 15 minutos

Tiempo de cocción: 10 minutos

Porciones: 4

Ingredientes:

- 6 peras peladas
- 6 manzanas crujientes de miel

Direcciones:

1. Precaliente la freidora de aire en el modo de deshidratación a 110 F durante 2 o 3 minutos. Por otro lado, utilice una mandolina para cortar en rodajas muy finas las manzanas y las peras. En tandas, coloque algunas de las rodajas de fruta en una sola capa en la bandeja de cocción.

2. Cuando el aparato esté listo, coloque la bandeja de cocción en la rejilla superior del horno y cierre el horno

3. Ajuste el temporizador a 7 minutos y pulse Inicio. Cocine hasta que las frutas estén crujientes. Transfiera los trozos de fruta a cuencos para servir cuando todo esté listo y haga la permanencia de la misma manera. Disfrute.

La nutrición:

Calorías 142

Grasa 0,46 g

Carbohidratos 37,7g

Proteína 0,71g

Chips de plátano con cacao

Receta básica

Tiempo de preparación: 5 minutos

Tiempo de cocción: 7 minutos

Porciones: 4

Ingredientes:

- ¼ cucharadita de cacao en polvo
- 5 plátanos grandes y firmes, pelados

- Una pizca de canela en polvo

Direcciones:

1. Precaliente la freidora de aire en modo Deshidratación a 110 F durante 2 o 3 minutos. Por otro lado, utilice una mandolina para cortar los plátanos en rodajas muy finas, y cúbralos bien con el cacao en polvo y la canela en polvo. En tandas, organice todos los trozos de plátano posibles en una sola capa en la bandeja de cocción.

2. Cuando el aparato esté listo, deslice la bandeja de cocción en la rejilla superior del horno y cierre el horno, ajuste el temporizador a 7 minutos y pulse Start. Cocine hasta que los trozos de plátano estén crujientes. Transfiera los trozos a cuencos para servir cuando estén todos listos y haga el resto de la misma manera. Disfruta.

La nutrición:

Calorías 152

Grasa 0,57 g

Carbohidratos 38,89 g

Proteína 1,87 g

Garbanzos asados con cilantro

Receta básica

Tiempo de preparación: 10 minutos

Tiempo de cocción: 45 minutos

Raciones: 2

Ingredientes:

- ¼ cucharadita de ajo en polvo
- 1 lata (15 oz) de garbanzos, pipas secas
- ¼ cucharadita de cilantro molido
- 1/8 cucharadita de sal
- ¼ cucharadita de chile en polvo
- ¼ cucharadita de curry en polvo
- ¼ cucharadita de comino molido
- ¼ cucharadita de pimentón
- Aceite de oliva para rociar

Direcciones:

1. Precaliente el horno en modo Air Fryer a 375 F durante 2 o 3 minutos en un bol mediano, mezcle los garbanzos con todas las especias hasta que estén bien integrados y viértalos en la cesta del asador. Engrase ligeramente con aceite de oliva, agite la cesta y cierre el sello.

2. Fije el cestillo en la palanca del horno y cierre el horno. Programe el temporizador a 35 o 45 minutos, pulse Start y cocine hasta que los garbanzos estén dorados. Después, abra el horno, saque la cesta utilizando el elevador del asador y transfiera la delicia a cuencos para servir. Deje que se enfríen y deléitese.

La nutrición:

Calorías 91

Grasa 1,82 g

Carbohidratos 14,87 g

Proteína 4,61 g

Nueces de maíz

Receta básica

Tiempo de preparación: 10 minutos

Tiempo de cocción: 20 minutos

Porciones: 8

Ingredientes:

1. 3 cucharadas de aceite vegetal
2. 1 oz. de maíz blanco
3. 1-½ cucharaditas de sal

Direcciones:

3. Cubrir el maíz con agua en un bol. Manténgalo a un lado. Seca el maíz. Extiéndalo en una bandeja plana y utilice toallas de papel para secarlo.

4. Precaliente su freidora a 400 grados F. Ponga el maíz en un bol y añada sal y aceite. Revuelva para cubrir uniformemente.

5. Mantenga el maíz en la cesta de la freidora de aire. Cocine durante 8 minutos Sacuda la cesta y cocine durante 10 minutos más. Transfiera a un plato forrado con una toalla de papel. Deje que se enfríe.

La nutrición:

Calorías 240

Grasa 8g

Carbohidratos 36g

Proteína 6g

Patatas al horno

Receta intermedia

Tiempo de preparación: 10 minutos

Tiempo de cocción: 1 hora

Raciones: 2

Ingredientes:

- ½ cucharadita de sal marina gruesa
- 1 cucharada de aceite de cacahuete
- 2 patatas grandes, lavadas

Direcciones:

1. Precaliente su freidora de aire a 400 grados F. Unte las patatas con aceite de cacahuete y espolvoree un poco de sal. A continuación, manténgalas en la cesta de su freidora de aire.

2. Cocer las patatas durante una hora. Servir calientes.

La nutrición:

Calorías 360

Carbohidratos 64g

Grasa 8g

Proteína 8g

Bocaditos de pollo al coco

Receta básica

Tiempo de preparación: 10 minutos

Tiempo de cocción: 15 minutos

Porciones: 4

Ingredientes:

- 2 cucharaditas de ajo en polvo
- 2 huevos
- Sal y pimienta negra al gusto
- ¾ de taza de pan rallado panko
- ¾ de taza de coco rallado
- Spray de cocina
- 8 filetes de pollo

Direcciones:

1. Con un cubo, mezcle la pimienta, la sal y los huevos con el ajo en polvo y bata bien.
2. En otro bol, mezclar el coco con el panko y remover bien.
3. Sumergir los filetes de pollo en la mezcla de huevos y luego cubrirlos bien con el coco.
4. Rocíe los bocados de pollo con aceite en aerosol, colóquelos en la cesta de su freidora de aire y cocínelos a 350 grados F durante 10 minutos
5. Sirve.
6. Que lo disfrutes.

La nutrición:

Calorías 252

Grasa 4

Carbohidratos 14

Proteína 24

Snack de coliflor de búfalo

Receta básica

Tiempo de preparación: 10 minutos

Tiempo de cocción: 15 minutos

Porciones: 4

Ingredientes:

- 4 tazas de floretes de coliflor
- 1 taza de pan rallado panko
- ¼ de taza de mantequilla derretida

- ¼ de taza de salsa búfalo
- Mayonesa para servir

Direcciones:

- En un bol, mezclar la salsa de búfalo y la mantequilla y batir bien. Sumerja los ramilletes de coliflor en esta mezcla y cúbralos con pan rallado. Póngalos en la cesta de la freidora y cocínelos a 350 grados Fahrenheit durante 15 minutos. Colóquelos en una bandeja y sírvalos con mayonesa al lado. Disfrute.

La nutrición:

Calorías 241

Grasa 4

Carbohidratos 8

Proteína 4

Merienda de plátano

Receta básica

Tiempo de preparación: 10 minutos

Tiempo de cocción: 5 minutos

Porciones: 8

Ingredientes:

1. 16 tazas para hornear la corteza
2. ¼ de taza de mantequilla de cacahuete
3. ¾ de taza de chispas de chocolate
4. 1 plátano, pelado y cortado en 16 trozos
5. 1 cucharada de aceite vegetal

Direcciones:

1. Poner las chispas de chocolate en una olla pequeña, calentar a fuego lento, remover hasta que se derrita y retirar del fuego.
2. En un bol, mezclar la mantequilla de cacahuete con el aceite de coco y batir bien.
3. Poner 1 cucharadita de mezcla de chocolate en una taza, añadir 1 rodaja de plátano y cubrir con 1 cucharadita de mezcla de mantequilla

4. Repita la operación con el resto de las tazas, colóquelas todas en una fuente que se ajuste a su freidora de aire, cocínelas a 320 grados F durante 5 minutos, transfiéralas a un congelador y manténgalas allí hasta que las sirva como merienda.

Que lo disfrutes.

La nutrición:

Calorías 70

Grasa 4

Carbohidratos 10

Proteína 1

Patatas para untar

Receta básica

Tiempo de preparación: 10 minutos

Tiempo de cocción: 10 minutos

Porciones: 10

Ingredientes:

- 19 onzas de garbanzos enlatados, secos
- 1 taza de boniatos, pelados y picados
- ¼ de taza de tahini
- 2 cucharadas de zumo de limón
- 1 cucharada de aceite de oliva
- 5 dientes de ajo picados
- ½ cucharadita de comino molido
- 2 cucharadas de agua
- Una pizca de sal y pimienta blanca

Direcciones:

1. Ponga las patatas en la cesta de su freidora de aire, cocínelas a 360 grados F durante 15 minutos, enfríelas, pélelas, póngalas en su procesador de alimentos y pulse bien. En la cesta, añade la pasta de sésamo, el ajo, las judías, el zumo de limón, el comino, el agua y el aceite y pulsa muy bien. Añade sal y pimienta, vuelve a pulsar, reparte en cuencos y sirve.

Que lo disfrutes.

La nutrición:

Calorías 200

Grasa 3

Carbohidratos 20

Proteína 11

Aperitivo de manzana mexicano

Receta básica

Tiempo de preparación: 10 minutos

Tiempo de cocción: 5 minutos

Porciones: 4

Ingredientes:

- 3 manzanas grandes, sin corazón, peladas y cortadas en cubos
- 2 cucharaditas de zumo de limón
- ¼ de taza de nueces picadas
- ½ taza de trozos de chocolate negro
- ½ taza de salsa de caramelo limpia

Direcciones:

1. En un bol, mezcle las manzanas con el zumo de limón, remuévalas y páselas a una sartén que se adapte a su freidora de aire.
2. Añada las chispas de chocolate, las pacanas, rocíe con la salsa de caramelo, mezcle, introduzca en su freidora de aire y cocine a 320 grados F durante 5 minutos
3. Mezclar suavemente, dividir en pequeños cuencos y servir de inmediato como aperitivo.
4. Que lo disfrutes.

La nutrición:

Calorías 200

Grasa 4

Carbohidratos 20

Proteína 3

Panecillos de camarones

Receta básica

Tiempo de preparación: 10 minutos

Tiempo de cocción: 26 minutos

Porciones: 6

Ingredientes:

- 1 calabaza de espaguetis, pelada y cortada por la mitad
- 2 cucharadas de mayonesa
- 1 taza de mozzarella rallada
- 8 onzas de camarones, pelados, cocidos y picados
- 1 y ½ tazas de panko
- 1 cucharadita de perejil en copos

- 1 diente de ajo picado
- Sal y pimienta negra al gusto
- Spray de cocina

Direcciones:

1. Ponga las mitades de calabaza en su freidora de aire, cocínelas a 350 grados F durante 16 minutos, déjelas enfriar y raspe la carne en un bol. Añade sal, pimienta, copos de perejil, panko, gambas, mayonesa y mozzarella y remueve bien.

2. Rocíe una bandeja para muffins que se adapte a su freidora de aire con aceite en aerosol y divida la mezcla de calabaza y camarones en cada taza. Introduzca en la freidora y cocine a 360 grados F durante 10 minutos

3. Colocar las magdalenas en una bandeja y servirlas como aperitivo.

4. Que lo disfrutes.

La nutrición:

Calorías 60

Grasa 2g

Carbohidratos 4g

Proteína 4g

Pasteles de calabacín

Receta básica

Tiempo de preparación: 10 minutos

Tiempo de cocción: 12 minutos

Porciones: 8

Ingredientes:

- Spray de cocina
- ½ taza de eneldo picado
- 1 huevo
- ½ taza de harina de trigo integral
- Sal y pimienta negra al gusto
- 1 cebolla amarilla picada
- 2 dientes de ajo picados
- 3 calabacines rallados

Direcciones:

1. En un bol, mezcle los calabacines con el ajo, la cebolla, la harina, la sal, la pimienta, el huevo y el eneldo, revuelva bien, forme pequeñas hamburguesas con esta mezcla, rocíelas con aceite en aerosol, colóquelas en la cesta de la freidora de aire y hiérvalas a 370 grados F durante 6 minutos por cada lado.
2. Sírvalos como aperitivo de inmediato.
3. Que lo disfrutes.

La nutrición:

Calorías 60

Grasa 1g

Carbohidratos 6g

Proteína 2g

Barras de coliflor

Receta básica

Tiempo de preparación: 10 minutos

Tiempo de cocción: 25 minutos

Porciones: 12

Ingredientes:

- 1 cabeza de coliflor grande, con los floretes separados
- ½ taza de mozzarella rallada
- ¼ de taza de claras de huevo
- 1 cucharadita de condimento italiano
- Sal y pimienta negra al gusto

Direcciones:

1. Ponga los ramilletes de coliflor en su procesador de alimentos, púlselos bien, extiéndalos en una bandeja para hornear forrada que se ajuste a su freidora de aire, introdúzcalos en la freidora y cocínelos a 360 grados F durante 10 minutos

2. Transfiera la coliflor a un bol, añada sal, pimienta, queso, claras de huevo y condimento italiano, revuelva muy bien, extienda esto en una sartén rectangular que se ajuste a su freidora de aire, presione bien, introduzca en la freidora y cocine a 360 grados F durante 15 minutos más. Corta en 12 barras, colócalas en una bandeja y sírvelas como aperitivo

3. Que lo disfrutes.

La nutrición:

Calorías 50

Grasa 1g

Carbohidratos 3g

Proteína 3 g

Galletas al pesto

Receta básica

Tiempo de preparación: 10 minutos

Tiempo de cocción: 17 minutos

Porciones: 6

Ingredientes:

- ½ cucharadita de levadura en polvo
- Sal y pimienta negra al gusto
- 1 y ¼ tazas de harina
- ¼ de cucharadita de albahaca seca
- 1 diente de ajo picado
- 2 cucharadas de pesto de albahaca
- 3 cucharadas de mantequilla

Direcciones:

1. En un bol, mezclar la sal, la pimienta, la levadura en polvo, la harina, el ajo, la cayena, la albahaca, el pesto y la mantequilla y remover hasta obtener una masa.

2. Extienda esta masa en una bandeja de horno forrada que se ajuste a su freidora de aire, introdúzcala en la freidora a 325 grados F y hornéela durante 17 minutos

3. Dejar enfriar, cortar las galletas y servirlas como aperitivo.

4. Que lo disfrutes.

La nutrición:

Calorías 200

Grasa 20

Carbohidratos 4

Proteína 7

Magdalenas de calabaza

Receta básica

Tiempo de preparación: 10 minutos

Tiempo de cocción: 15 minutos

Porciones: 8

Ingredientes:

- ¼ de taza de mantequilla
- ¾ de taza de puré de calabaza
- 2 cucharadas de harina de linaza
- ¼ de taza de harina
- ½ taza de azúcar
- ½ cucharadita de nuez moscada molida
- 1 cucharadita de canela en polvo
- ½ cucharadita de bicarbonato de sodio
- 1 huevo
- ½ cucharadita de levadura en polvo

Direcciones:

1. En un bol, mezclar la mantequilla con el puré de calabaza y el huevo y mezclar bien.
2. Añadir la harina de linaza, la harina, el azúcar, el bicarbonato, la levadura en polvo, la nuez moscada y la canela y remover bien.
3. Con una cuchara, introduzca esto en un molde para panecillos que se ajuste a su freidora a 350 grados F y hornéelo durante 15 minutos

4. Servir las magdalenas frías como merienda.

5. Que lo disfrutes.

La nutrición:

Calorías 50

Grasa 3

Carbohidratos 2

Proteína 2

Chips de calabacín

Receta básica

Tiempo de preparación: 10 minutos

Tiempo de cocción: 1 hora

Porciones: 6

Ingredientes:

- 3 calabacines, cortados en rodajas finas
- Sal y pimienta negra al gusto
- 2 cucharadas de aceite de oliva
- 2 cucharadas de vinagre balsámico

Direcciones:

1. Con un cubo, mezclar el vinagre con el aceite añadiendo pimienta con sal y remover bien.

2. Añada las rodajas de calabacín, remuévalas para cubrirlas bien, introdúzcalas en su freidora de aire y cocínelas a 200 grados F durante 1 hora.

3. Sirve los chips de calabacín fríos como aperitivo.

4. Que lo disfrutes.

La nutrición:

Calorías 40

Grasa 3

Carbohidratos 3

Proteína 7

Snack de cecina de vaca

Receta intermedia

Tiempo de preparación: 2 horas

Tiempo de cocción: 1 hora y 30 minutos

Porciones: 6

Ingredientes:

- 2 tazas de salsa de soja
- ½ taza de salsa Worcestershire
- 2 cucharadas de granos de pimienta negra
- 2 cucharadas de pimienta negra
- 2 libras de redondo de ternera, en rodajas

Direcciones:

1. En un bol, mezclar la salsa de soja con los granos de pimienta negra, la pimienta negra y la salsa Worcestershire y batir bien.
2. Añada las rodajas de carne, remuévalas para cubrirlas y déjelas en la nevera durante 6 horas.
3. Introduzca los rollos de carne en su freidora de aire y cocínelos a 370 grados F durante 1 hora y 30 minutos
4. Páselo a un bol y sírvalo frío.
5. Que lo disfrutes.

La nutrición:

Calorías 300

Grasa 12

Carbohidratos 3

Proteína 8 g

Alitas de fiesta con miel

Receta intermedia

Tiempo de preparación: 1 hora y 12 minutos

Tiempo de cocción: 10 minutos

Porciones: 8

Ingredientes:

- 16 alas de pollo
- 2 cucharadas de salsa de soja
- 2 cucharadas de miel

- Sal y pimienta negra al gusto
- 2 cucharadas de zumo de lima

Direcciones:

1. En un bol, mezcle las alitas con la salsa de soja, la miel, la sal, la pimienta y el zumo de lima, mézclelas bien y métalas en la nevera durante 1 hora. Transfiera las alitas a una freidora de aire, cocínelas a 360 grados F durante 12 minutos y déle la vuelta a mitad de camino.

2. Servir en un plato y servir como aperitivo. Disfrute.

La nutrición:

Calorías 211

Grasa 4

Carbohidratos 14

Proteína 3

Hamburguesas de salmón para fiestas

Receta básica

Tiempo de preparación: 10 minutos

Tiempo de cocción: 22 minutos

Porciones: 4

Ingredientes:

- 3 patatas grandes, hervidas, secadas y trituradas
- 1 filete grande de salmón, sin piel y sin espinas
- 2 cucharadas de perejil picado
- 2 cucharadas de eneldo picado
- Sal y pimienta negra al gusto
- 1 huevo
- 2 cucharadas de pan rallado
- Spray de cocina

Direcciones:

1. Coloque el salmón en la cesta de su freidora de aire y cocínelo durante 10 minutos a 360 grados F.
2. Pasar el salmón a una tabla de cortar, enfriarlo, desmenuzarlo y ponerlo en un bol.

3. Añade el puré de patatas, la sal, la pimienta, el eneldo, el perejil, el huevo y el pan rallado, remueve bien y forma 8 hamburguesas con esta mezcla. Coloque las hamburguesas de salmón en la cesta de su freidora de aire, úntelas con aceite de cocina y cocínelas durante 12 minutos a 360 grados F, dándoles la vuelta a mitad de camino, páselas a una fuente y sírvalas como aperitivo. Disfrute.

La nutrición:

Calorías 231

Grasa 3

Carbohidratos 14

Proteína 4

Chips de plátano

Receta básica

Tiempo de preparación: 10 minutos

Tiempo de cocción: 15 minutos

Porciones: 4

Ingredientes:

4 plátanos, pelados y cortados en rodajas

Una pizca de sal

½ cucharadita de cúrcuma en polvo

½ cucharadita de chaat masala

1 cucharadita de aceite de oliva

Direcciones:

- En un bol, mezcle las rodajas de plátano con la sal, la cúrcuma, el chaat masala y el aceite, mezcle y deje reposar durante 10 minutos Transfiera las rodajas de plátano a su freidora de aire precalentada a 360 grados F y cocínelas durante 15 minutos dándoles la vuelta una vez.
- Servir como aperitivo.
- Que lo disfrutes.

La nutrición:

Calorías 121

Grasa 1

Carbohidratos 3

Proteína 3

Cubos de tofu con sésamo

Receta básica

Tiempo de preparación: 20 minutos

Tiempo de cocción: 20 minutos

Raciones: 2

Ingredientes:

1. 8 oz de tofu
2. 1 cucharadita de almidón de maíz
3. 1 cucharadita de cebolleta picada
4. 1 cucharadita de vinagre de arroz
5. 1 cucharadita de aceite de sésamo
6. 1 cucharadita de salsa de soja

Direcciones:

- Cortar el tofu en cubos.
- Poner los cubos de tofu en el bol y rociar con el vinagre de arroz, el aceite de sésamo y la salsa de soja.
- Agitar la mezcla.
- Deja el tofu durante 10 minutos para que se marine.
- Precaliente la freidora de aire a 370 F.
- Espolvoree el tofu marinado con la maicena y póngalo en la cesta de la freidora.
- Cocer el tofu durante 20 minutos
- Agitar el tofu después de 11 minutos de cocción.
- A continuación, enfriar el tofu suavemente y espolvorear con las cebolletas picadas.
- Que lo disfrutes.

La nutrición:

Calorías 108

Grasa 7

Carbohidratos 3,4

Proteína 9,5

Tomates salados con tomillo

Receta básica

Tiempo de preparación: 10 minutos

Tiempo de cocción: 10 minutos

Raciones: 2

Ingredientes:

1. 2 tomates
2. 1 cucharada de tomillo
3. 1 pizca de sal
4. 1 cucharadita de aceite de oliva

Direcciones:

- Precaliente la freidora de aire a 375 F.
- Cortar los tomates en rodajas.
- A continuación, combine el tomillo y la sal. Agitar la mezcla.
- Espolvorear los tomates en rodajas con la mezcla de tomillo. Colocar los tomates cortados en la freidora de aire y rociar con el aceite de oliva.
- Cocer los tomates durante 10 minutos
- Cuando los tomates estén cocidos: deben tener una textura tierna y un poco seca.
- Que lo disfrutes.

La nutrición:

Calorías 46

Grasa 2,7

Carbohidratos 5,6

Proteína 1.2

Hígado de pollo cremoso

Receta básica

Tiempo de preparación: 10 minutos

Tiempo de cocción: 10 minutos

Raciones: 2

Ingredientes:

1. 7 oz de hígado de pollo
2. ¼ de taza de agua
3. 1 cucharada de mantequilla
4. 2 cucharaditas de nata
5. 1 cucharada de eneldo fresco picado
6. 1 pizca de sal

Direcciones:

- Precaliente la freidora de aire a 390 F.
- Combine el agua, el hígado de pollo y la sal.
- Mezcle la mezcla y colóquela en la cesta de la freidora.
- Cocer el hígado de pollo durante 10 minutos
- Removerlo después de 5 minutos de cocción.
- A continuación, pasar el hígado de pollo cocido al bol.
- Añadir la nata y la mantequilla.
- Mezclar la mezcla hasta que esté suave.
- Después de esto, añada el eneldo fresco picado y revuelva suavemente.
- Sirve la comida y disfruta.

La nutrición:

Calorías 223

Grasa 12,5

Carbohidratos 1,9

Proteína 24

Palos de siluro

Receta básica

Tiempo de preparación: 10 minutos

Tiempo de cocción: 10 minutos

Raciones: 2

Ingredientes:

1. 8 oz de filete de bagre
2. ½ cucharadita de sal
3. ½ cucharadita de pimienta negra molida
4. ¼ de taza de pan rallado panko
5. 1 huevo
6. ½ cucharadita de aceite de oliva

Direcciones:

- Cortar el filete de bagre en 2 trozos medianos (palos).
- A continuación, espolvoree el bagre con la sal y la pimienta negra molida.
- Batir el huevo en el bol y batirlo.
- Sumergir los filetes de bagre en el huevo batido.
- Después de esto, rebozar el pescado en el pan rallado panko.
- Precaliente la freidora de aire a 380 F.
- Ponga los palitos de pescado en la cesta de la freidora de aire y rocíe con el aceite de oliva.
- Cocinar los palitos de pescado durante 10 minutos

- Dar la vuelta a los palos por otro lado después de 10 minutos de cocción.

- Cuando los palitos de pescado estén cocidos: dejarlos enfriar suavemente.

- ¡Sirve la comida!

La nutrición:

Calorías 231

Grasa 12,2

Carbohidratos 8

Proteína 21,5

Plan de comidas de 30 días

Día	Desayuno	Comida/cena	Postre
1	Sartén de camarones	Rollos de espinacas	Tarta de crepes de matcha
2	Yogur de coco con semillas de chía	Pliegues de queso de cabra	Mini tartas de calabaza con especias
3	Pudín de chía	Tarta de crepes	Barras de frutos secos
4	Bombas de grasa de huevo	Sopa de coco	Pastel de libra
5	Mañana "Grits"	Tacos de pescado	Receta de Tortilla Chips con Canela
6	Huevos escoceses	Ensalada Cobb	Yogur de granola con bayas
7	Sándwich de bacon	Sopa de queso	Sorbete de bayas
8	Noatmeal	Tartar de atún	Batido de coco y bayas
9	Desayuno al horno con carne	Sopa de almejas	Batido de plátano con leche de coco
10	Desayuno Bagel	Ensalada de carne asiática	Batido de mango y piña

11	Hash de huevo y verduras	Keto Carbonara	Batido verde de frambuesa
12	Sartén vaquera	Sopa de coliflor con semillas	Batido de bayas cargadas
13	Quiche de feta	Espárragos envueltos en prosciutto	Batido de papaya, plátano y col rizada
14	Tortitas de bacon	Pimientos rellenos	Batido de naranja verde
15	Gofres	Berenjenas rellenas de queso de cabra	Batido doble de bayas
16	Batido de chocolate	Curry Korma	Barras de proteínas energizantes
17	Huevos en sombreros de hongos Portobello	Barras de calabacín	Brownies dulces y con nueces
18	Bombas de grasa de matcha	Sopa de setas	Keto Macho Nachos
19	Keto Smoothie Bowl	Champiñones Portobello	Gelato de mantequilla de

		rellenos	cacahuete, choco y plátano con menta
20	Tortilla de salmón	Ensalada de lechuga	Melocotones con canela y yogur
21	Hash Brown	Sopa de cebolla	Paleta de pera y menta con miel
22	Cazuela Bangin' de Black	Ensalada de espárragos	Batido de naranja y melocotón
23	Tazas de tocino	Tabbouleh de coliflor	Batido de manzana con especias y coco
24	Huevos con espinacas y queso	Salpicao de ternera	Batido dulce y de nueces
25	Taco Wraps	Alcachofa rellena	Batido de jengibre y bayas
26	Donas de café	Rollos de espinacas	Batido apto para vegetarianos
27	Tortilla de huevo al horno	Pliegues de queso de cabra	Batido de ChocNut
28	Risotto de rancho	Tarta de crepes	Batido de coco y fresa

29	Huevos escoceses	Sopa de coco	Batido de espinacas y bayas
30	Huevos fritos	Tacos de pescado	Batido de postre cremoso

Conclusión

Gracias por haber llegado hasta el final de este libro. Una freidora de aire es una adición relativamente nueva a la cocina, y es fácil ver por qué la gente se entusiasma con su uso. Con una freidora de aire, puede hacer patatas fritas crujientes, alas de pollo, pechugas de pollo y filetes en minutos. Hay muchos alimentos deliciosos que puedes preparar sin añadir aceite o grasa a tu comida. Una vez más, asegúrese de leer las instrucciones de su freidora de aire y de seguir las normas de uso y mantenimiento adecuados. Una vez que su freidora de aire esté en buenas condiciones de funcionamiento, puede ser realmente creativo y comenzar a experimentar su camino hacia la comida saludable que sabe muy bien.

Eso es todo. ¡Gracias!

Lightning Source UK Ltd.
Milton Keynes UK
UKHW020649230321
380841UK00011B/223

9 781801 752084